HO'OPONOPONO

Dados Internacionais de Catalogação na Publicação (CIP)
(Câmara Brasileira do Livro, SP, Brasil)

Lamboy, Nathalie
  Ho'oponopono : 30 fórmulas de sabedoria para curar conflitos / Nathalie Lamboy ; tradução de Maria Ferreira. – Petrópolis, RJ : Vozes, 2023.

  Título original: Ho'oponopono
  Bibliografia.

  1ª reimpressão, 2023.

  ISBN 978-65-5713-794-9

  1. Ho'oponopono 2. Ho'oponopono – Técnica de cura
  3. Medicina alternativa 4. Perdão I. Título.

  22-124258   CDD-615.8528

Índices para catálogo sistemático:
1. Poder de cura : Ho'oponopono : Terapia alternativa   615.8528

Cibele Maria Dias – Bibliotecária – CRB-8/9427

NATHALIE LAMBOY

HO'OPONOPONO
30 FÓRMULAS DE SABEDORIA PARA CURAR CONFLITOS

Tradução de Maria Ferreira

© 2013, Editions Guy Trédaniel, Paris.

Tradução do original em francês intitulado
Ho'oponopono. 30 formules de sagesse pour guérir les conflits.

Direitos de publicação em língua portuguesa:
2023, Editora Vozes Ltda.
Rua Frei Luís, 100
25689-900 Petrópolis, RJ
www.vozes.com.br
Brasil

Todos os direitos reservados. Nenhuma parte desta obra poderá ser reproduzida ou transmitida por qualquer forma e/ou quaisquer meios (eletrônico ou mecânico, incluindo fotocópia e gravação) ou arquivada em qualquer sistema ou banco de dados sem permissão escrita da editora.

CONSELHO EDITORIAL

Diretor
Volney J. Berkenbrock

Editores
Aline dos Santos Carneiro
Edrian Josué Pasini
Marilac Loraine Oleniki
Welder Lancieri Marchini

Conselheiros
Elói Dionísio Piva
Francisco Morás
Gilberto Gonçalves Garcia
Ludovico Garmus
Teobaldo Heidemann

Secretário executivo
Leonardo A.R.T. dos Santos

Editoração: Laís Costa Lomar Toledo
Diagramação: Sheilandre Desenv. Gráfico
Revisão gráfica: Jaqueline Moreira
Capa: Érico Lebedenco

ISBN 978-65-5713-794-9 (Brasil)
ISBN 978-28132-0615-2 (França)

Este livro foi composto e impresso pela Editora Vozes Ltda.

Sumário

Introdução, 7
Uma tradição ancestral para curar conflitos, 13
  A prática tradicional do Ho'oponopono, 15
    Com sinceridade, 15
    A família, 17
    Do perdão à harmonia, 19
    Uma história de Amor, 22
  Praticar o Ho'oponopono hoje, 28
    As crenças limitantes, 30
    Os vários papéis do Ego, 32
    Retomar as rédeas de sua existência, 37
    Criar um espaço de paz, 41
    Vibrações, 47
    Os conflitos libertadores, 50
    Criador de mundo, 55
    Escutar a inspiração, 58
    Os conflitos reveladores, 63
30 fórmulas de sabedoria, 69
  Conselhos e como usar, 71
    Recitar as quatro frases de sabedoria, 72
    Curar conflitos, 75
  As 30 fórmulas, 78
    A abundância, 78
    O acidente de trânsito, 80

A adicção, 82
A agressão, 84
A anorexia, 86
O dinheiro, 88
O dinheiro (sequência), 90
A decepção, 92
Fazer a mudança, 94
A depressão, 96
A discussão, 98
A dúvida, 100
Os engarrafamentos, 102
A entrevista de emprego, 104
O exame, 106
A família, 108
A família (sequência), 110
A vergonha, 112
A impaciência, 114
A doença, 116
A doença (sequência), 118
A mente, 120
A morte, 122
A morte (sequência), 124
A separação, 126
A separação (sequência), 128
O excesso de peso, 130
A vizinhança, 132
O carro, 134
O carro (sequência), 136

Conclusão, 139
Referências, 145

Introdução

Desde que descobri o Ho'oponopono minha vida ganhou um novo impulso. Este método revelou-se para mim como uma evidência, e mudou radicalmente minha existência no decorrer de alguns meses.

Então os meses tornaram-se anos durante os quais aprendi a me olhar de forma diferente, sem julgamento, assim como ensina o Ho'oponopono.

Pouco a pouco também compreendi que o Ego havia tomado todo o espaço neste modo de vida moderno, e que graças às quatro frases de sabedoria que são "sinto muito, me perdoe, sou grato, te amo", tornava-se possível assumir as rédeas de sua vida e sair da fatalidade que até então eu havia alimentado.

Ho'oponopono levou-me até o Havaí, ao mesmo lugar onde surgiu essa tradição.

Este arquipélago é também um lugar que favorece um fenômeno meteorológico bem conhecido: o mágico arco-íris. Do encontro entre o sol e a chuva tropical nasce um magnífico degradê de cores. Tal como uma ponte que reconecta o mundo invisível à realidade, os arco-íris mostram a estrada que reconecta o mundo do invisível à nossa realidade; os arco-íris mostram a estrada que reconecta o coração dos indivíduos ao do Universo.

Nas ilhas paradisíacas havaianas, perpetuam-se tradições seculares e, entre elas, o Ho'oponopono rompeu as barreiras do tempo para chegar até nós. Ho'oponopono quer dizer "corrigir", "endireitar". Esta palavra entrou na minha vida para ajudar a me alinhar com o Universo. Permitiu-me reencontrar o caminho que leva ao Eu profundo, à minha alma.

Ho'oponopono tornou-se o arco-íris que me reconecta ao Universo

As crenças negativas que haviam paralisado minha existência foram limpas diariamente com o Ho'oponopono para me permitir concretizar meus sonhos.

Pisar na areia das praias de Maui era um deles, e foi observando o azul turquesa do oceano que me dei conta do incrível poder que reside em cada um de nós. Se consegui chegar até esse paraíso terrestre quando nada, na minha infância ou na minha vida de jovem adulta, me predestinara a ele, é porque tudo é absolutamente possível para cada um de nós.

Sim, todos podem realizar seus sonhos, os mais loucos e mais irrealistas são muitas vezes os mais promissores. Para isso, basta se livrar das pesadas correntes do Ego.

A prática do Ho'oponopono liberta de muitos sofrimentos e medos: aqueles que se originam unicamente no Ego.

E este último se liberta graças à profunda limpeza das crenças limitantes. Ou seja, aquelas que construíram suas barreiras e o mantiveram dentro dos limites. Tais crenças abrangem todos os campos de sua vida. Quando começa a praticar o Ho'oponopono, você derruba esses obstáculos e se liberta do jugo do Ego.

Quando parti em busca desse lugar mágico que é o Havaí, pude me abrir a outros aspectos do Ho'oponopono, e procurando conhecer essa prática ancestral foi que compreendi que poderia lhes revelar o que havia começado a praticar durante meus estágios e meu dia a dia.

Nas páginas seguintes, descrevo a prática original que me inspirou este livro e explico como adaptei esse método para a vida ocidental moderna.

É possível aproveitar esse conhecimento tradicional para cada aspecto conflitante da vida, pois verbalizar o problema ajuda a se afastar das emoções negativas que surgem e a reconhecer o jogo do Ego.

Pois saibam, puristas do Ho'oponopono, que na origem a formulação era parte integrante da cura. O fato de comunicar, trocar e compreender permitia a todos os protagonistas alcançar a reconciliação.

As 30 fórmulas de sabedoria aqui expostas permitem que você mantenha total autonomia na prática do Ho'oponopono. Não há necessidade de uma terceira pessoa para recitar essas fórmulas, elas lhe pertencem e só cabe a você decidir recitá-las... ou não.

Considere este livro como um suporte ao seu bem-estar, uma maneira de curar as emoções negativas.

Pois aliviar a dor e o sofrimento que surgem em seu coração lhe dá a possibilidade de se abrir para a alegria e para seus sonhos.

Curar conflitos é criar espaço para suas verdadeiras aspirações.

Ho'oponopono

Uma tradição ancestral para curar conflitos

A PRÁTICA TRADICIONAL DO HO'OPONOPONO

Sob o sol do Havaí nasceu um método chamado Ho'oponopono. A tradição desejava que as famílias encontrassem soluções para os conflitos graças a uma troca sincera e honesta, escutando e respeitando as opiniões de cada um, tendo o pedido de desculpas e o perdão como instrumentos de cura, e sobretudo com o objetivo de trazer de volta a harmonia ao seio da família.

Com sinceridade

Durante essa reunião, o xamã conduzia cada participante a revelar suas queixas com calma. Ele canalizava as emoções negativas que pudessem surgir e pedia que cada um desse prova de paciência e de não julgamento. Esse papel desempenhado pelo xamã podia ser atribuído a qualquer pessoa que desejasse trazer um suporte espiritual para resolver um conflito surgido na comunidade.

A responsabilidade de cada um era apresentada desde o início do processo ao pedir que a verdade fosse expressa, o que pode assustar os humanos do século XXI. Revelar seu lado obscuro aos familiares pode parecer uma etapa intransponível, quando na verdade talvez ele não seja tão sombrio assim. A falta de objetividade é muitas vezes a fonte desse olhar culpado sobre si. A prática ancestral do Ho'oponopono era uma questão de sobrevivência, pois ela permitia expor de forma clara os aspectos negativos da personalidade, aqueles que tentamos hoje esconder de todas as formas e que mergulham nossos contemporâneos em grandes sofrimentos. De um ponto de vista sociológico, as tarefas desempenhadas pelos diferentes membros para contribuir com a subsistência da tribo ou da família – quer seja pela pesca, pela cultura do taro, pela construção de casas –, tudo isso exigia uma solidariedade que não podia ser perturbada pelos problemas relacionais. Esta é uma das razões pelas quais a maioria das culturas tribais tem em sua tradição essa noção de cura pelo grupo. Para sobreviver, a união faz a força, sobretudo na resolução dos conflitos.

Em um nível mais sutil, eu acrescentaria que os homens e as mulheres que têm plena consciência de sua dependência da natureza também estão conscientes do vínculo que os conecta a ela, e por consequência do vínculo que une cada um dos membros de uma família, de uma tribo, de uma comunidade... e esse vínculo deve ser mantido na fraternidade e no Amor.

A resolução de um conflito ocorre quando há tomada de consciência da interação que existe com os outros. É uma visão da potência das emoções. O vínculo torna-se visível graças à raiva ou à tristeza que a atitude do Outro desperta em você.

A família

No processo de cura com o Ho'oponopono tradicional, existia uma etapa que permitia remover camada por camada os problemas que foram se sobrepondo até formar o conflito. Essa discussão era primordial, pois permitia destacar os vínculos que uniam os diferentes protagonistas. A formulação das emoções, do experienciado e dos pontos de vista de cada um permitia revelar a verdadeira raiz do problema. O conflito era atualizado para melhor vê-lo desaparecer graças às trocas de perdão e de pedidos de desculpas.

Foi essa parte do processo do Ho'oponopono tradicional que me inspirou nas fórmulas de sabedoria. Utilizo cada tipo de conflito como um meio de compreender e de limpar o medo que ele despertou. Isso permite trazer à luz do dia o aspecto do Ego que é ativado, para fazê-lo desaparecer sob uma avalanche de Amor.

Para os havaianos, tudo está interconectado. É uma filosofia encontrada em outras culturas e que está bem presente nas ilhas polinésias. Há o causador de problemas e aquele que foi prejudicado; eles estão unidos neste conflito, com a responsabilidade de sair dele para restabelecer a harmonia na família ou na tribo.

A palavra havaiana para designar a família é *Ohana*. A família não é apenas composta dos pais e dos filhos; há também os avós, os sobrinhos, as sobrinhas, os primos, e ela se estende a todos os membros de um grupo.

Hoje, com a tecnologia que conecta todos os indivíduos do planeta, é ainda mais fácil dizer que os humanos formam uma *Ohana*, uma grande família. Essa palavra é muitas vezes empregada pelos havaianos quando eles se dirigem a um grupo de indivíduos. Quer você seja havaiano ou turista de passagem, você faz parte da família, você é *Ohana*.

A caixa de lápis de cor

> *Durante uma estada no Havaí, tive a oportunidade de ouvir esta linda metáfora sobre as diferentes nacionalidades que compõem os habitantes dessa ilha. Uma menina de onze anos explica para seu pai: "Todos nós fazemos parte do mesmo mundo e precisamos de todos. O mundo é uma grande caixa de lápis de cor. Cada pessoa é um lápis diferente, e utilizamos todas as cores para fazer um lindo desenho".*

Do perdão à harmonia

Durante o Ho'oponopono tradicional, todos os participantes expressavam suas opiniões e se abriam ao modo de ver do outro graças à escuta. Essa etapa de discussão permitia verbalizar o problema: palavras necessárias para compreender a origem do conflito. Pedia-se que se expressassem com sinceridade e calma. Cada um devia prestar atenção ao que o outro havia experienciado e à maneira como havia interpretado esse conflito. Isso permitia ter uma visão de conjunto da problemática. A maneira de reagir a um evento é diferente de uma personalidade a outra. Alguns ficam tristes, outros com raiva, quando confrontados com a mesma situação.

Seguia-se uma etapa fundamental: o momento de se desculpar e de perdoar. Não se tratava de colocar o causador de problemas na posição de acusado e aquele que fora prejudicado na posição de vítima. Pelo contrário, consistia em reconhecer que ambos agiram de maneira inadequada, e cada um se desculpava pelo seu comportamento. Os atos violentos de um e as respostas brutais do outro tinham jorrado como reflexo da raiva interior de cada um. O efeito espelho estava revelado nesse nível da prática do Ho'oponopono.

A discussão continuava até que cada um se engajasse sinceramente na via do perdão, pois era somente dessa maneira que a honra da família podia ser restabelecida. Em caso de desacordo, o xamã pedia calma. E se o pedido de desculpas e o perdão não fossem dados por um dos membros, isso era considerado como uma grave ofensa, e o "cordão umbilical" podia ser cortado.

Essas reuniões podiam durar um ou vários dias, o tempo para que cada um reconhecesse que sua reação diante do evento levara ao conflito. Era sempre na escuta, na sinceridade dos propósitos e na abertura do coração que a solução tomava forma.

O Ho'oponopono terminava com uma prece recitada pelo xamã. Esta última desempenhava um papel importante, pois permitia agradecer o fato de ter clareado a mente de cada um para encontrar a solução do problema, e assim consolidar os vínculos que uniam a família ou o grupo. A eliminação do problema pelo perdão e pelo amor era a chave para reencontrar a harmonia.

Em seguida, era feita uma refeição com o conjunto do grupo. Os diferentes membros aceitavam sua recente confrontação como uma etapa de sua vida em comunidade, e o curso da existência retomava graças a essa partilha de alimento.

O Ho'oponopono permitiu evitar a ruptura total entre os indivíduos. Quando um conflito é deixado de lado, ele sempre ressurge sob uma forma mais importante. Ele se agrava, alimentando ideias sombrias que foram se acumulando. O vento torna-se tempestade até que o temporal explode em trovões de desespero e de dores. O Ho'oponopono tradicional desarma toda situação explosiva não resolvida.

Uma história de Amor

A outra prática que dava ao Ho'oponopono uma amplitude era, e ainda é, o espírito de *Aloha*. Esta palavra significa Amor e gratidão, e é utilizada em saudações e despedidas. Muito usada tanto na cidade como nos vilarejos, ela ainda hoje dá o tom assim que você chega em um lugar.

Aloha é uma maneira de fazer com que os indivíduos que se encontram experienciem emoções positivas. Na tradição havaiana o confronto não é necessário, não importa quais sejam os problemas enfrentados. Uma noção muito distante da sociedade ocidental que administra os conflitos por meio da punição e das recriminações.

Na maioria das tribos ditas primitivas, a noção de responsabilidade diante da doença ou do conflito se estende a todo o grupo. Quando uma pessoa desenvolve um comportamento agressivo ou uma doença, é toda a tribo que participa de uma cerimônia de limpeza com os espíritos dos ancestrais. Dos vivos aos mortos, todos contribuem para o bem-estar da comunidade e de seus congêneres.

A ideia de aprisionar ou de punir um indivíduo por ter agido sob o domínio das emoções parece errada quando você se conscientiza de que seus atos são o reflexo de um mal-estar que reside no grupo. Parece lógico resolver esse problema questionando as disfunções que permitiram desenvolver esse comportamento. As ferramentas que permitem aos curandeiros ou aos xamãs restabelecer a harmonia vieram desses princípios de respeito e de atenção.

Nossa sociedade moderna prefere culpar, fragilizando o equilíbrio precário da humanidade, de onde os desvios de certos indivíduos que não se sentem ouvidos. Na verdade, trata-se de uma falta de atenção e de respeito por parte da sociedade, e bastaria ter consciência disso para que tudo mudasse.

A palavra *Aloha* vai além de desejar um bom dia; o Amor que é oferecido como presente de encontro. Assim, torna-se mais difícil criticar seu vizinho quando prontamente lhe enviamos essa energia. É aí que está o respeito. Você envia Amor antes de qualquer outra coisa, sem julgamento, e sobretudo sem expectativas.

O Ho'oponopono é um método de "cura social" que permite encontrar o espírito de *Aloha* no seio de um grupo perturbado pelos conflitos.

O Ho'oponopono permite o retorno à harmonia e ao Amor

Tradução da palavra Ho'oponopono

Hoo *significa "provocar", "causar".*

Pono *significa "direito", "correto", "em uma ordem perfeita".*

O par **ponopono** *significa "aprovado e desejado por todos".*

Ho'oponopono

é ter o desejo de corrigir as emoções negativas e de restabelecer a harmonia...

É endireitar o que está torto nas relações com os outros.

Ho'oponopono tradicional

A família, ou a comunidade, decide se reunir para resolver um conflito.

Ela é acompanhada por um xamã ou por uma pessoa designada como tal durante essa reunião.

Pede-se que cada um abra seu coração e fale com sinceridade.

Apresento aqui uma descrição de cada etapa do Ho'oponopono tradicional havaiano.

PULE
Prece de abertura

KÙKULU KUMUHANA
Declaração do problema.

HALA
Identificação do causador de problemas e do prejudicado.

HIHIA
Vínculo que une os diferentes protagonistas.

MAHIKI
Desapego pela discussão.

As diferentes camadas do problema são removidas uma a uma.

MANA'O
Expressão sincera de suas opiniões.

HO'OMALU
Convite à calma pedida pelo xamã.

MIHI
Confessar-se, sentir muito.

KALA

Resposta ao MIHI pelo perdão

PANI

Partilha de uma refeição para trazer de volta o apaziguamento na família.

PULE HO'OPAU

Prece de agradecimento para encerrar o Ho'oponopono e reconduzir cada um para o Amor e a paz.

Praticar o Ho'oponopono hoje

O mundo no qual vivemos exalta a individualidade há tanto tempo que com certeza deve parecer difícil considerar um protocolo coletivo para a resolução dos conflitos existentes em seu círculo próximo. É por isso que existe hoje uma versão autônoma desse método, e seu sucesso caminha junto com sua eficácia.

O Ho'oponopono hoje

O método se resume em recitar quatro frases de sabedoria **"sinto muito, me perdoe, sou grato, te amo"** *sempre que você se deparar com um conflito.*

Esse mantra deve ser dito internamente para trazer a paz ao seu coração, à sua cabeça e à sua vida.

*Quando diz "**sinto muito**", você reconhece a emoção negativa que cresce em você.*

*Quando diz "**me perdoe**", você se perdoa por ter tido a crença que gerou a emoção negativa.*

*Quando diz "**sou grato**", aceita ter despertado essa crença a fim de eliminá-la definitivamente de seu esquema comportamental.*

*Quando diz "**te amo**", dirige Amor a si mesmo, a fim de limpar essa crença que residia em você.*

Com efeito, o espírito comunitário tornou-se uma ideia marginal à medida do avanço tecnológico. No entanto, este último leva cada um de vocês a reencontrar esse ideal por meio de uma rede global, a internet.

A adolescência é um período favorável a esse reconhecimento tribal. Todos desejam fazer parte de uma "grande família", identificando-se com a música e com as ideias que ela exalta. A roupa não é apenas uma questão de moda, é também uma vontade de pertencimento a um grupo de indivíduos que parecem em perfeita harmonia sobre suas próprias opiniões, ao menos no essencial.

Então, como os humanos acabam caindo na armadilha do Ego, eles se perdem nos meandros das emoções, ali onde reina o medo. O sentimento de solidão se acentua de acordo com as experiências, cada uma reforçando a ideia de que para ter o amor de seus congêneres é preciso se comportar exatamente como o outro deseja. Mas você sabe exatamente o que o outro espera de você? Está convencido de que se trata da melhor solução para receber o amor que parece lhe faltar?

As crenças limitantes

Desde seu nascimento, você adotou um comportamento moldado por seu entorno familiar, escolar e social. Quando criança, você aceitou as cartas que lhe davam, aquelas que representavam os preceitos que se tornariam suas defesas no mundo dos adultos. Entre elas, é possível ler "os ricos são ladrões", "é preciso trabalhar duro para ganhar dinheiro", "é preciso sofrer para ser bonita", "desconfie dos estranhos", "a felicidade dura pouco", "as pessoas honestas são sempre pobres ao passo que os escroques se tornam ricos", e minha preferida: "O esporte machuca". Essas cartas tornaram-se um modo de vida. Tudo estaria muito bem se elas não representassem uma limitação em sua aplicação.

De fato, quando adota essas diferentes condições, qual a possibilidade de você ficar rico sendo uma pessoa honesta? Como aceitar um trabalho que lhe é agradável sem se culpar? Como não sentir dor quando ela define sua beleza interior? Por que ir em busca da felicidade, já que ela é efêmera? Como perder peso sem praticar uma atividade física? Como não ter medo desses desconhecidos que fazem parte da vida?

Tantas crenças que se acumulam e paralisam sua existência tornando-se obstáculos intransponíveis.

Eu as chamo de crenças limitantes, pois elas bloqueiam seu potencial em um nível muito baixo. Essas crenças mascaram a tal ponto suas capacidades que o levam a acreditar que é incapaz.

Elas são o carburante do Ego. Aquele que se serve da mente e de seu corpo. Assim, ele o faz acreditar que é um ser limitado por seu aspecto físico e por seus conhecimentos intelectuais. Como não pode estar presente fisicamente em dois lugares ao mesmo tempo, isso gera em você uma montanha de frustrações sustentada por sua mente que não para de repetir que você é incapaz de estar à altura. Ou ainda, de um ponto de vista intelectual, você aprendeu apenas uma habilidade, e por isso o Ego insiste na obrigação de se agarrar a ela. Pois esse novo emprego, que valoriza muito mais a prática do seu *hobby* do que seus diplomas, talvez o leve a ser considerado como incompetente aos olhos dos outros. Por que correr o risco de mudar de profissão, pergunta-lhe o Ego?

Os vários papéis do Ego

O Ego se identifica unicamente com o que vem do exterior: as profissões, a posição social, o papel em uma família, o passado e a doença.

É o Ego que lhe diz que se perder o emprego, você não vale mais nada. É ele que relembra que, como mãe, você deve colocar sua família antes de suas próprias necessidades, caso contrário corre o risco de perder o amor de seus familiares. É também o Ego que repete que esse novo modelo de telefone é indispensável à sua coleção, e que você deve adquiri-lo, mesmo se colocando em uma situação financeira delicada. E ainda é o Ego que o leva a acreditar que seu passado é você. Uma infância dolorosa, e você permanece ancorado no sofrimento do pequeno ser indefeso de então. É difícil para você se libertar dessa história que, com certeza, o construiu, mas que não é, e jamais será, sua verdadeira identidade.

O papel do Ego é fazer com que se sinta uma vítima da fatalidade, e que seu destino não pode ser mudado por causa de sua história. Ele se identifica ainda e sempre com eventos que aconteceram.

Mas não é porque seu casamento fracassou que isso faz de você um fracassado. Não é porque foi abusado por um adulto que você deve continuar com raiva de todas as pessoas que encontra hoje.

Há ainda essa doença, que acontece porque seu corpo sempre deu o melhor de si nestes últimos anos. Hoje, esse corpo precisa de cuidados, de atenção e de amor, não do seu medo e de suas queixas. O Ego tem prazer em fazer você se sentir culpado e em repetir o refrão da lamúria. Ele não o ajuda a curar, ele alimenta o estresse a fim de mantê-lo tanto quanto possível na crença de que você é um ser limitado. A prova: você adoece.

E se a doença apareceu para que você possa descansar... finalmente

A doença é esse ciático que o impede de retomar sua atividade e o obriga a ficar em casa, na paz, a ler aquele romance começado há várias semanas. É também esse resfriado que não acaba nunca e diminui seu ritmo na execução das tarefas para que você tenha, finalmente, tempo de escutar seus familiares. É o câncer e o medo de desaparecer da noite para o dia: você então percebe que cada um de nós está preocupado e que se esquecera disso. Então decide que chegou a hora. Decide cumprir o que o faz vibrar de alegria!

A energia gasta para alimentar emoções tão negativas quanto a raiva, a depressão ou a culpa é uma punição que você inflige sobretudo a si mesmo, e em seguida aos que o cercam.

Saiba que na realidade, você é um ser humano em busca da felicidade. Uma busca da qual a mente se encarrega de desviá-lo graças às crenças limitantes que você alimenta.

O Ego o leva às inquietudes da falta e da culpa. Semeia a dúvida assim que você sente prazer em sua atividade. É a parte sombria da humanidade que se impôs nestes últimos séculos. É o representante do desequilíbrio que reina hoje aqui na Terra.

Esse Ego reina como senhor no mundo material, em detrimento da criatividade e da intuição. Ele é alimentado pelo cérebro esquerdo, aquele cuja lógica produtiva pode se tornar destrutiva quando o cérebro direito, o da intuição e da sensibilidade, não vem contrabalançar seus efeitos.

Vivemos hoje em uma sociedade do Ego, para o Ego e pelo Ego. Contudo, o início do século XXI traz um sopro novo. O despertar dos sentidos por tanto tempo adormecidos sob o jugo das restrições e dos deveres está acontecendo. O movimento de liberação da força criativa está crescendo a ponto de revelar indivíduos que ousam falar publicamente de seu despertar. É a era da espiritualidade que se expressa através de todos.

Cada um de vocês se sente afetado pelo colapso que agita nosso sistema. Cada um de vocês tem vontade de viver feliz e de ver os outros felizes. Cada um toma consciência de que é tempo de agir.

Porque de tantas obrigações, deveres e restrições, quer seja do ponto de vista material ou comportamental, o Ego conseguiu criar o que ele queria ver desaparecer do planeta, ou seja, o retorno ao Amor.

Você e eu fomos obrigados a buscar refúgio dentro... dentro de nós. E descobrimos que é ali onde se encontra a potência criativa, que é ali a sede de nosso poder, que ali está nossa verdadeira identidade.

Graças ao Ego, e a tudo o que ele gerou de pior e de insustentável, os indivíduos se voltam mais e mais para a própria essência da existência.

Portanto, agradeço ao Ego por ter representado esse papel tão difícil para permitir que cada um seja si mesmo. É assim que a humanidade vai, enfim, se reencontrar e se reconhecer.

Retomar as rédeas de sua existência

O Ego se apoderou do mundo e de sua existência. É ele quem decide sua orientação negligenciando suas aspirações profundas, e isso sem respeitar a Vida que você representa. Ele se baseia em crenças que você admite que são obsoletas para a pessoa que se tornou. Não está na hora de retomar as rédeas de sua existência?

É por isso que o método Ho'oponopono é tão interessante hoje. Ele oferece a possibilidade de se libertar das crenças "limitantes" graças às situações difíceis com as quais se depara.

Com efeito, nada melhor do que um conflito para detectar as manipulações do Ego. Quando você está enredado nas emoções negativas como a raiva, a angústia, o ciúme ou a culpa, sabe que é o Ego que o faz entrar nesse sofrimento e não a pessoa que está diante de você. O outro é o mensageiro, o espelho de suas crenças limitantes, o revelador de seus sofrimentos.

Eis um exemplo para ajudá-lo a compreender essa noção de espelho e de responsabilidade individual. De manhã, você vai até o seu carro que está estacionado na frente da sua casa e percebe que ele está danificado. Não pode ser usado e você tem de ir para o trabalho.

Você tem escolha

Pode se deixar dominar pela raiva ao longo do dia esquecendo que seus filhos, seus pais, seus amigos ou seus colegas não têm nada a ver com o que lhe acontece. Então, em vez de solicitar a compassiva ajuda deles, a única escolha que lhes oferece é a de que se distanciem de seu horrível mau humor. Você pode também se comportar como uma vítima injustamente tratada por seus vizinhos e se alimentar dessas emoções negativas até perder o sono. E talvez tente despertar a piedade, ou proferir ameaças ao representante da seguradora que colocará seu processo de lado até você lhe trazer elementos concretos. Você perde o controle nos meandros de seus infortúnios do dia.

Ou então,

Você se aquieta para digerir o choque estabelecendo um clima de paz interior. A emoção e a calma que reinam no seu interior também se refletem no exterior. Você faz com que as pessoas ao seu redor lhe proponham soluções, aquelas que não teria ouvido se tivesse permanecido nas emoções negativas. Comunica-se de forma eficaz, e o representante da seguradora ouve atentamente o que tem a dizer. Consegue resolver rapidamente a situação, pois está escutando as soluções. Percebe ao mesmo tempo que esse dia, que começou sob o signo da catástrofe, o leva a descobrir a generosidade dos que o cercam. Alguns se oferecem para levá-lo aos seus compromissos, outros para pegar as crianças na saída da escola ou até de lhe emprestar um carro. Você descobre então que não foram vizinhos descontentes que originaram esse acidente, mas sim um caminhão basculante que, naquela manhã, não viu seu veículo. Seu olhar sobre os outros começa a mudar.

No primeiro caso, a reação negativa diante do acidente congelou qualquer tentativa de resolver o problema, e o resultado é a paralisia e a inação. No segundo caso, é o retorno à calma que permite perceber o apoio amigável de que se beneficia, e uma solução surge graças a uma intervenção deliberada. É a resolução do problema, é a ação.

O milagre acontece ao pronunciar as quatro frases de sabedoria "sinto muito, me perdoe, sou grato, eu te amo" assim que as primeiras emoções negativas surgirem em você. Você repete esse mantra tantas vezes quanto desejar até se acalmar e relaxar.

Quer se depare com os danos em seu carro, um cliente descontente, uma má notícia por mensagem de texto, uma observação do seu patrão, um descuido de sua parte, um gesto estabanado, o roubo do seu relógio, um cheque devolvido por falta de fundos, uma conta inesperada, um avião atrasado, uma febre que o deixa de cama, um vizinho barulhento, um carteiro indelicado, um processo que se arrasta, um emprego que lhe escapa por entre os dedos, uma carta de ruptura ou a não aceitação em uma escola reconhecida, o Ho'oponopono é uma ajuda preciosa para apaziguar todo sofrimento resultante dessas situações.

Claro que isso não faz com que o problema desapareça, mas o coloca em seu devido lugar, nem mais, nem menos. Não se torna uma obsessão, uma identificação adicional do Ego. Ele apareceu em sua vida para permitir que você elimine suas crenças limitantes, aquelas que estavam administrando sua vida em seu lugar.

Você retoma as rédeas de sua existência assim que entra na paz e na calma, pois é nesse momento que você está atento à inspiração que dela emerge.

Criar um espaço de paz

Nada melhor do que um problema que surge das reviravoltas da existência para se dar conta de que ainda existe uma crença limitante a ser apagada. É assim que eu reconheço meus esquemas comportamentais obsoletos, aqueles que alimento há muito tempo.

Enquanto dirijo pela estrada, congestionada por tantos veículos, para chegar ao meu compromisso, sinto crescer em mim a irritação quando a velocidade diminui ao longo dos quilômetros. Então, começo a limpeza interior recitando para mim: "Sinto muito por pegar esta estrada na hora do *rush*; me perdoe por ativar essa memória de impaciência; sou grato por despertá-la para que possa limpá-la; eu te amo, para mim mesmo, por ter percebido essa impaciência em mim; eu te amo, para o Universo, que me dá a oportunidade de limpar essa crença".

Depois continuo recitando "sinto muito, me perdoe, sou grato, eu te amo" até achar engraçado passar o tempo nessa estrada cuja paisagem tão agradável nesta estação eu redescubro. É então que os veículos desaparecem do meu caminho, deixando-me livre para retomar uma velocidade mais condizente para chegar a tempo ao meu compromisso.

Pode parecer mais fácil conceber a calma quando se trata de uma questão material, isso pode parecer menos concebível quando se trata da saúde de uma pessoa querida.

No entanto, o que conta é apenas sua reação diante do evento.

Como suas lágrimas de desespero podem ajudar uma pessoa que acaba de saber que está com uma doença grave? Sua angústia não fará com que ela se sinta um pouco mais culpada por trazer esse fardo para sua família? Não seria melhor se tornar o ouvido atento de que a pessoa precisa neste momento crucial de sua existência? E por que não se tornar esse espaço de paz que lhe é necessário?

Porque seu medo é mais forte do que o dela, ou porque você não consegue imaginar a vida sem essa pessoa. De tanto se concentrar na dor e no medo de que ela desapareça, você se esquece de estar presente para essa pessoa que precisa tanto disso. Você se esquece de que não é ela que o faz sofrer, mas a experiência que ela está vivendo. Passa ao largo de sua responsabilidade que consiste em dizer: "Não posso ficar doente no seu lugar, não posso curá-la, por outro lado posso acompanhá-la nessa experiência dando meu apoio, sem julgamento e na escuta total".

É também preservando suas forças que poderá ser verdadeiramente útil. Um bom sono, uma alimentação equilibrada e regular, uma atividade física ao ar livre e você será um apoio eficaz. Acompanhar uma pessoa querida em um momento tão particular é também se dar os meios de fazê-lo nas melhores condições possíveis. Dedique um tempo para cuidar de si; ele significa o mesmo tempo que você dará ao bem-estar dessa pessoa. Pois quando chega no quarto dela com olheiras de cansaço e consumido pela angústia, você também lhe traz uma energia cansada e angustiante. Sem cair no fingimento, é melhor para qualquer pessoa doente ser visitada por amigos e familiares em boa saúde, e felizes com isso. O gosto pela alegria de viver é contagiante, então "contamine" essa pessoa com seu bem-estar.

Uma das grandes forças do Ho'oponopono é se permitir entrar na aceitação daquilo que acontece para estar plenamente presente e receptivo às soluções que vão surgindo.

Não estou sugerindo guiar a pessoa ou tomar decisões por ela; mas apenas estar ali, presente, atento aos sinais da vida. Nessa atitude de vigilância suave você permanece aberto a todas as oportunidades. Respira a calma, sente a serenidade. Torna-se o exemplo dessa paz interior e, um dia, essa pessoa lhe pergunta como também obtê-la. Então, você lhe explica os quatro princípios das quatro frases de sabedoria. Entrega-lhe o segredo do retorno à paz.

Quando um familiar comenta que tem um problema que o deixa furioso ou desesperado, ele não espera que você encontre a solução em seu lugar, ele deseja simplesmente um ouvido atento e sem julgamento de sua parte.

Você pode dar a seu filho, pai, mãe, amigo, irmão, irmã, colega, vizinho um presente inestimável. Pode oferecer o refúgio de paz que essa pessoa não conseguiu descobrir em si mesma. Pode entrar na calma para ela e para você.

Enquanto ela lhe conta seus problemas, basta recitar internamente "sinto muito, me perdoe, sou grato, eu te amo" para emitir uma vibração de Amor. Essa energia ultrapassa os limites do seu corpo até envolver a pessoa com uma sensação apaziguadora. Assim, você cria um espaço de paz no qual os problemas são depositados sem julgamento, sem expectativa, na certeza de que apenas o retorno à calma pode permitir alcançar as soluções. As emoções negativas são limpas à medida que as palavras de estresse são liberadas.

Então, quando o outro gritar: "Estou furioso por ter de fazer todo o trabalho do meu colega e de não receber um aumento", recite internamente "sinto muito, me perdoe, sou grato, eu te amo". Continue limpando essas memórias de injustiça que são despertadas por meio dessa pessoa. Esteja presente às suas emoções e deixe lugar para a paz. Quando permite ao outro expressar suas dificuldades entrando no Amor, você sai do desejo de controlá-lo. Não há mais espaço para dizer: "Eu te avisei" ou "faça como eu". Seja humilde, pois assim reconhece no outro o que às vezes você vive.

Quando cria esse espaço de paz, você cria a oportunidade de encontrar as soluções. As quatro frases de sabedoria estão aí para ajudá-lo a soltar as expectativas, do contrário você retornará ao controle e ao sofrimento que ele gera.

Quando oferece esse maravilhoso presente de estar sem julgamento, você se liberta das crenças sobre a noção de bem e de mal. Sabe que esse conflito veio até você para permitir que limpe essas crenças limitantes e se abra ao universo das possibilidades. Quando pratica o Ho'oponopono, você escolhe se tornar o ator de sua existência, ser o exemplo dessa paz que deseja ver surgir ao seu redor, ser a mudança que quer ver neste mundo.

Não ter expectativas

No início de minha prática do Ho'oponopono acrescentava uma quinta palavra ao mantra Ho'oponopono.

Recitava internamente: "Sinto muito, me perdoe, sou grato, eu te amo... surpresa!"

A palavra "surpresa" estava ali para ocupar minha mente e colocá-la na perspectiva de que algo ia acontecer. Só que não sabia onde, nem quando, nem como.

O desejo de controlar o resultado desaparecia com a palavra "surpresa".

Se você preferir, pode também utilizar "milagre". Espere por um milagre como diz Joe Vitale.

Assim que as quatro frases de sabedoria se instalaram em mim, assim que integrei que a surpresa ou o milagre era evidente, parei de dizê-las. Havia compreendido que a vida me reservaria sempre presentes...

Vibrações

Como quatro frases podem resolver os problemas e dissolver o sofrimento com os quais se depara? Desde o início dos tempos, homens e mulheres recitam preces e mantras na vibrante intenção de trazer paz a este mundo. As palavras têm uma força, uma potência sonora que ultrapassa as paredes. O som vibra, vai além da matéria e oferece emoções. Suponho que você já teve a oportunidade de assistir a um concerto de música clássica, e que em algum momento sentiu uma grande agitação no plexo. Uma intensidade emocional que chega a arrepiar os pelos do braço. Uma sensação lhe ocorre porque o som transporta as emoções.

Não precisa ser freira ou monge para emitir essa energia, você e eu também temos essa capacidade.

A prece noturna, a benção da refeição, são também maneiras de transmitir essa paz do coração. As tradições religiosas permitiram às pessoas comuns participar dessa pacificação. Mas existem neste planeta pessoas que, como eu, não receberam qualquer educação religiosa ou a deixaram em um canto qualquer entre a adolescência e a raiva.

Quando entrei em contato com o Ho'oponopono, rapidamente adotei essa mensagem "sinto muito, me perdoe, sou grato, eu te amo". Tornou-se meu mantra, minha prece e uma maneira de estar na gratidão e no Amor. Essas quatro palavras de sabedoria vibram em níveis que despertam o ser profundo que dormita em cada um de nós. É o acesso à alma, ao Eu profundo, à divindade interior, à paz.

Foi experimentando esse método que compreendi que seu uso ia além das palavras. A repetição dessas palavras de sabedoria coloca a pessoa em um estado vibracional diferente.

É difícil alimentar a raiva quando você repete "sou grato" ou "eu te amo". Essas palavras o conduzem a outros céus. Não é mais preciso continuar insultando, mesmo interiormente, a pessoa que o feriu quando você adota esse mantra.

A vantagem deste método está no fato de você parar de se desgastar nas emoções negativas quando se depara com uma situação conflitante.

O Ego se alimenta de crenças como: "Ele não tem o direito de fazer isso comigo" ou "É injusto o que está acontecendo comigo", levando-o ao crescimento de sua raiva ou de sua depressão. Porque o verdadeiro culpado, aquele que o mantém nesse papel de vítima, é o Ego.

O Outro é aquele que o desestabiliza, que o coloca diante dessa memória negativa alimentada por toda sua existência, aquela que o faz acreditar que a vida é uma sucessão de desastres.

Trata-se agora de voltar a ser o mestre a bordo e de agir com as melhores ferramentas à sua disposição. O ensimesmar-se ou uma explosão de violência não resolve o problema. É preciso passar para outro nível de compreensão para tomar as medidas necessárias. Nenhum gesto feito sob o domínio da raiva ou do desespero resolveu alguma coisa. Somente uma ação resultante da paz interior permite acabar, definitivamente, com o conflito pendente.

Os conflitos libertadores

Utilizo o Ho'oponopono em todos os casos conflitantes de minha existência. Não há limites para o seu uso. Todo evento encontra sua solução quando estou na calma.

Quer zombem de minhas escolhas, joguem pedras até que as vidraças do meu escritório se quebrem, critiquem meus escritos ou teçam comentários injuriosos sobre mim, eu recito "sinto muito, me perdoe, sou grato, eu te amo", porque:

- Sei que o desprezo está diante de mim. Reconheci essa emoção porque já a havia sentido antes. É minha parte sombria.

- Sei que os gestos feitos sob o domínio da raiva podem levar a atos de violência contra qualquer um que cruze o seu caminho. Reconheci essa maneira de agir porque tenho em mim essa crença limitante que me diz que para mostrar quem eu sou devo reagir, devo me impor aos outros pela força.

- Sei que o julgamento dói. Eu o reconheci, pois critico meus gestos diariamente dizendo-me "que sou inútil" e, às vezes, digo a mesma coisa para aqueles que amo.

- Sei que tenho essas emoções negativas, eu as limpo com as quatro palavras de sabedoria para apagar a crença que as causa.

As bobagens e os atos degradantes não são seus, foram as emoções que levaram a essas palavras e a esses gestos que são seu reflexo. Você reconhece essas emoções porque elas estão presentes em sua atitude. Reconhece a parte sombria e se enoja, com o outro e consigo mesmo. Aí está o efeito espelho. Difícil de aceitar, mas tão libertador quando você compreende que são indícios para ajudá-lo a sair dos conflitos que você vive há décadas.

Sua responsabilidade é se curar da crença que está na origem dessas emoções prejudiciais. Limpe a crença e se libertará dos conflitos.

As crenças que aceitamos e integramos à nossa existência são mantidas vivas graças às experiências que se sucedem. Suas ações decorrem das crenças limitantes e mantêm assim a liderança do Ego.

Para lhe explicar o princípio, dou aqui um exemplo. Desde a infância você aceitou o fato de que, como seus pais, não é bom em matemática. Suas notas são medianas nessa disciplina e confirmam, portanto, que é por causa dessa hereditariedade. À medida que as provas e as avaliações acontecem, o estresse aumenta, as notas caem, o estresse aumenta ainda mais e confirma que você não nasceu para a matemática.

Você reforçou a crença através de sua experiência.

Na adolescência, em vez de continuar colecionando notas baixas, você decide seguir uma direção em que a matemática não ocupa muito espaço. Seleciona sua grade escolar em função de uma lacuna e não de um ponto forte. E assim acaba exercendo uma profissão em que se aborrece ostensivamente. Você favoreceu o Ego, foi ele quem decidiu seu futuro.

Outro exemplo. Você tem essa crença de que o dinheiro não traz felicidade. Uma frase repetida por aqueles com quem conviveu durante sua infância e que integrou à sua vida.

Hoje, você é um adulto que luta com os problemas financeiros o ano todo. Você tem um emprego, tem então uma renda. Mas esta não cobre todas as suas despesas. Seu modo de vida é modesto. Você é uma pessoa razoável em relação às necessidades materiais. E por causa dos imprevistos sua conta bancária entra regularmente no vermelho. Para poder responder a essa crença limitante de que o dinheiro não traz felicidade, você aceita um cargo mal remunerado, mas para o qual foi admitido por suas competências, e fica de olho em outro emprego oferecido em uma função subalterna com um salário melhor e prêmios. Diz a si mesmo que é injusto e que não estudou tanto para ser simplesmente assistente!

O Ego se encarrega de colocá-lo em um lugar que corresponde perfeitamente a uma memória de que não é preciso dinheiro para ter a chance de encontrar a felicidade. Ele também pode levá-lo a escolher um carro mais barato – porém em mau estado – para que todos os meses você precise ter gastos não previstos. O Ego utiliza todas as armas para fazê-lo gastar apenas para responder a essa crença limitante de que o dinheiro não traz felicidade.

Quanto à felicidade, você começa a compreender que está longe de encontrá-la dessa maneira.

Os conflitos surgem a todo momento para fazê-lo compreender que deve eliminar essa crença para avançar. Você se defronta regularmente com seu chefe que se recusa a lhe dar um aumento, com o carro que se recusa a dar partida, com esse trabalho que não o enriquece nem material nem moralmente. Está sempre pensando nas dificuldades. Todo dia é uma afronta à sua situação. O toque do telefone o faz temer outro problema, está mergulhado no estresse e cada encontro pode se tornar uma fonte de conflitos. Você está cansado de sua vida.

O desapego é necessário para alcançar a cura. E nada melhor do que dizer "sinto muito, me perdoe, sou grato, eu te amo" para apaziguar a dor e perceber que essas complicações são o sinal de que a vida lhe pede para apagar uma memória negativa. Você se conscientiza de que a vivência dessa experiência difícil lhe dá a oportunidade de se desapegar de um padrão de comportamento destruidor.

Recitar o Ho'oponopono é dar o necessário passo atrás para a compreensão de sua situação atual. Sua existência é uma sucessão de experiências, agradáveis e desagradáveis. Os obstáculos são etapas necessárias à mudança de seus pensamentos. Eles permitem que você se liberte das crenças que o reduziam em suas capacidades. São indicadores para trazê-lo de volta a um caminho mais aberto onde você pode ter o tempo de se reencontrar.

Saiba também que você tem escolha. Ou decide colocar um fim ao que lhe ocorre de negativo e não é mais a vítima da fatalidade. Ou deixa esse refrão infernal se repetir até o fim de seus dias e guarda a sensação de passar ao largo de sua vida.

Criador de mundo

Revelar-se graças ao conflito é uma maneira de se conhecer melhor e de aceitar essa parte sombria que mora no fundo de você. Porque se amar começa pela aceitação de tudo o que se é, sem julgamento.

É graças ao Ho'oponopono que penetro nessa compreensão, pois ao me aceitar tal como sou, posso aceitar os outros assim como eles são.

Isso não significa que diante de cada conflito devo deixar para lá e ficar passiva. Muito pelo contrário, isso significa que o conflito é um meio de ir além das aparências, do julgamento e do Ego para obter soluções concretas e pertinentes.

Nosso mundo não é uma fonte de injustiça. Nosso mundo é o que fazemos com ele.

Ao focar nos problemas, e unicamente nos problemas, as ações de cada um são na maioria das vezes fruto de um sentimento de revolta, de frustração e de raiva. Cada informação difundida nesse sentido está aí para enfatizar as emoções negativas. Hoje em dia há muito mais catástrofes e guerras, o que significa que a principal emoção que domina nossa civilização é o medo. E uma sociedade em que todos os medos são expostos é uma sociedade que se torna paranoica. Os infortúnios estão aí, bem presentes, eu concordo, mas eles não dominam o planeta. Constituem uma parte da civilização, e com certeza não são sua totalidade.

Todas as manhãs levanto-me pensando que tenho o privilégio de ter um teto sobre a cabeça que me protege das intempéries. Durmo em uma cama confortável, posso tomar um banho quente, tenho comida na geladeira e água na torneira. Então, eu agradeço pronunciando as quatro palavras de sabedoria: "sinto muito, me perdoe, sou grato, eu te amo". Entro na gratidão em vez de entrar na frustração de ter de me levantar.

Sei que muita gente não tem o benefício desse conforto. Nem cogito sentir culpa por isso. Em nome delas, em nome daquelas que nada têm, devo apreciar sincera e diariamente esses presentes. Não é ficando com raiva que vou ajudá-las. Isso não mudaria nada para elas. Por outro lado, essas emoções negativas vão tornar minha existência mais difícil, para mim e também para meus familiares que terão de suportar meus humores.

É assim que crio minha vida. Meu ambiente é composto de minha família, de meus amigos e de minhas relações de trabalho para quem emito uma onda positiva. Pois sei que se irradiar assim, eles também vão vibrar uma alegria que irá transmitir às pessoas que não conheço, mas que também se beneficiarão dessa energia. É um fenômeno que foi estudado e que se traduz assim: "A felicidade é contagiante". Uma verdade difícil de ignorar.

Na realidade, quando pratico o Ho'oponopono e recito as quatro palavras de sabedoria, torno-me o que quero parecer neste mundo. Gandhi foi quem resumiu melhor essa ideia ao dizer: "Seja a mudança que você quer ver neste mundo".

Lembre-se que sua raiva, quando alimentada, irradia na mesma medida, e transmite uma vibração negativa para aqueles ao seu redor, próximo e distante. Nem precisa se sentir culpado porque, ao fazê-lo, você emite novamente uma energia desagradável. Esteja na alegria, na calma, na paz, na serenidade, no entusiasmo, e se tornará um retransmissor "mundial" das emoções positivas. Você é o criador do seu mundo graças às emoções que emanam de você, então emita o melhor.

Escutar a inspiração

Cada dia é uma oportunidade de entrar em sintonia com o Universo, com a Vida ou com Deus. Não importa o nome que você lhe dá, quando está em paz, está em conexão com seu Eu profundo, sua alma, e tem acesso às soluções mais pertinentes.

A fórmula de sabedoria Ho'oponopono está aqui para ajudá-lo a entrar em contato com esse seu aspecto. Quando enfrentar um problema, em vez de considerá-lo como uma fatalidade, recite primeiro "sinto muito, me perdoe, sou grato, eu te amo" repetidamente. Não se limite ao número de mantras, repita essas quatro palavras para que elas penetrem sua mente e não lhe deem outra escolha a não ser entrar na paz. É uma maneira de neutralizar o Ego e sobretudo os medos que ele despertou. Penetre-se dessas palavras.

Autorize-se a reencontrar a calma

Para que essa fórmula surja assim que um conflito aparece em minha vida, adquiri o hábito de recitar "sinto muito, me perdoe, sou grato, eu te amo" internamente a qualquer instante do dia.

Assim que um trabalho repetitivo se apresentava, ou durante uma caminhada solitária, eu recitava essas quatro palavras para limpar as crenças limitantes que não tinha visto surgir naquele momento e que, depois, retornavam. E então sentia-me tão bem dizendo-as que elas se tornaram como uma segunda natureza. Uma maneira de estar em gratidão.

Percebi sobretudo que me empenhara tanto em conservar essas memórias limitantes durante todos esses anos que devia fazer o mesmo tanto para me permitir eliminá-las de minha existência. Devia ser tão assídua para trazer o Ho'oponopono para o meu cotidiano quanto fora para criar meus limites.

À noite, quando faço o balanço do meu dia, ou de manhã, assim que ponho os pés no chão, dirijo essas palavras de sabedoria "sinto muito, me perdoe, sou grata, eu te amo" para o Universo, para a Vida, para Deus... e para mim mesma.

O efeito mais edificante dessa prática é exigir apenas que cada um esteja inteiramente presente naquilo que está fazendo. Nem se preocupe em querer controlar o que vem depois, isso só diz respeito à Vida, ela sabe exatamente do que você precisa.

Difícil de acreditar, você me dirá, sobretudo quando observa o encadear de eventos desastrosos ao seu redor. Dê um passo para trás e considere-os como meios de estimulá-lo a escolher um caminho mais adequado às suas aspirações.

A impressão que você tinha era de fazer exatamente o necessário para se adequar às suas convicções, aquelas decorrentes das crenças que havia aceitado desde a infância. E seu mundo pareceu desabar no dia em que perdeu o emprego, o qual representava toda sua existência. Seu Ego lhe diz que você não é nada sem ele, que deveria se envergonhar de estar desempregado, que é mais uma injustiça e que é impotente contra a fatalidade. Todas essas frases são crenças que o limitam e o impedem de dar a volta por cima. Porque com o tempo, você vai compreender que se trata de uma experiência a mais, uma daquelas que a Vida tem a arte inventar para que vá mais longe. Limpar as crenças negativas com o Ho'oponopono o leva a compreender que você tem inúmeras capacidades para poder realizar todos os seus sonhos. A única força que lhe diz que é impossível é o Ego. O carrossel da mente está aí para que você perca o pé. A ação e a resolução dos problemas são o poder que vem de seu Eu profundo. Para se conectar com ele, é imperativo limpar, pois é somente na calma e na paz que você o escutará.

Quando está reconectado a essa força infinita e poderosa, você descobre o potencial que o Universo colocou à sua disposição. É nesses instantes "de graça" que entenderá, enfim, a mensagem: "Há algo maior esperando por você".

Você pode sorrir ou suspirar de exasperação com essas palavras tão batidas. Mas não se engane com elas: é realmente o que se recusa a admitir que o coloca em situações complicadas. Quando nega seus sonhos e suas aspirações, você diz não à vida e às suas oportunidades.

Você recebe o que pediu e se seus desejos se pareciam mais com tempestades do que com ventos suaves, não se surpreenda com o furacão que submerge sua existência. Esses desejos são essas emoções negativas de que falava mais acima. É possível transformá-las mudando sua relação com a vida, isso depende apenas de você.

Reconheço a inspiração, pois ela me vem como um sussurro. É essa ideia genial que surge de uma só vez quando havia decidido deixar tudo para lá. Ela gira continuamente em minha cabeça até se tornar uma certeza. Para distingui-la das mensagens perturbadoras do Ego é muito simples: basta considerar as emoções que me envolvem quando me concentro nessa ideia. Se é um grande sentimento de quietude, um sorriso que aparece, um arrepio de prazer ou uma excitação alegre, então sei que vem do meu Eu profundo. Sinto uma vibração de felicidade.

Do contrário, se sinto dúvida, angústia, estresse ou medo, isso significa que é o Ego que tenta controlar minha vida enviando-me uma mensagem ligada às crenças negativas.

A inspiração é o lugar que lhe permite encontrar soluções mais adequadas à sua situação do momento. É um espaço onde reina a paz.

Quando há confusão das ideias é porque você está ligado à mente, aquela que alimenta os medos do Ego.

A inspiração é o meio de ajudá-lo a passar à ação. As soluções chegam de maneira inesperada, pois você decidiu recitar "sinto muito, me perdoe, sou grato, eu te amo" e não criar expectativas. Você deixa a vida seguir seu rumo. Quando decide começar a gritar "fogo" antes de pronunciar as quatro palavras de sabedoria, é porque deixou o Ego dirigir sua vida.

A inspiração é o tempo da reconexão com o Universo. É estar presente, aqui e agora, disposto a escutar o que a Vida tem para lhe dizer. Você repete a fórmula do Ho'oponopono para se reconectar com esse momento precioso que é o instante presente.

Quando está assustado com o futuro ou lamentando seu passado, é sinal de que o Ego ainda controla sua existência.

Não há nada melhor do que pronunciar "sinto muito, me perdoe, sou grato, eu te amo" para neutralizar esse Ego perturbador. É um meio eficaz que se adapta a todas as situações da vida.

Os conflitos reveladores

Considero as dificuldades com as quais me deparo como oportunidades para conhecer melhor minhas aspirações profundas. A maneira como reajo diante das situações revela as crenças limitantes que são mantidas em meu cotidiano. Tomo consciência de meus medos e das ações que delas resultam. Percebo que ainda estou nas mãos do Ego e que só depende de mim sair delas. Mais calma, me dou conta de que havia escondido no fundo de mim, atrás dos temores e do desespero, meus verdadeiros projetos e meus inestimáveis sonhos.

Quando absorvi todas essas memórias coletivas, todas essas crenças negativas e as tornei minhas, abandonei ao mesmo tempo os objetivos de minha vida, pois quando criança sabia que tinha uma missão a cumprir nesta Terra. Eu a perdi ao longo do caminho, no caos das emoções humanas. Redescobrir essas aspirações é o trabalho da adulta que me tornei. Hoje estou ciente de que só depende de mim retomar o caminho do meu destino interior. O caminho do coração, eu o reencontro assim que estou em paz.

Como a vida é bem feita, utilizo as ferramentas à minha disposição para compreender quem realmente sou. Os problemas fazem parte da minha existência, então eles são forçosamente um meio de encontrar minhas raízes.

Minhas origens não estão somente ligadas à família na qual nasci, ao país que me acolheu, à cultura que me embalou e às escolas que me educaram. Vim da fonte universal, aquela que permite a vida surgir sob todas as formas. Venho e sou esta parcela de eternidade. Meu corpo é efêmero, é um presente que me permite experimentar as emoções.

Toda vez que estou nos braços do medo, sei então que tenho de encontrar a coragem. Quando o ciúme me domina, cultivo a aceitação e me permito ser feliz pelo outro. Quando fico com raiva, coloco a mão no coração e acolho a paz.

Eu me reconecto às minhas raízes que são a luz e o Amor. Entro em contato com a sabedoria do Universo graças ao Ho'oponopono.

Revelar-se graças aos conflitos é tomar consciência de que a Vida é sua aliada. Dá-lhe acesso a esse potencial guiando-o pelo que alguns chamam de sinais, outros de sincronicidades. Basta escutá-la.

A natureza humana, ou mais exatamente o Ego, prefere dar seu pitaco sobre os eventos, avaliando-os. Isto é aceitável, aquilo não é, quanto a este, nem vale a pena olhar. O julgamento pela atribuição de um valor varia de um indivíduo a outro, de uma cultura a outra. Seja no seio de uma família ou de um país, as divergências evoluem rapidamente e os conflitos aparecem.

Enquanto, basicamente, a vida oferece o necessário para satisfazer todas as criaturas, o Ego faz de tudo para que você acredite no contrário. Com certeza isso se deve à sua identificação com este corpo que é mortal. Ele está tão convencido de que sua presença aqui na terra é a única representação de sua existência, ignorante de suas verdadeiras origens, que acaba interiorizando uma variedade de medos e uma insaciável sede de poder.

Fico de olho nas mensagens que o Universo me traz, pois me fazem crescer

Depois de um minuto de raiva gerada por uma crítica ao meu trabalho, recito internamente "sinto muito, me perdoe, sou grato, eu te amo" e revejo essa mensagem com a maior calma. Constato então que não se trata de uma observação ofensiva. Pelo contrário, é um alerta em relação ao meu comportamento. Com efeito, nestes últimos tempos, eu geralmente não agradecia aos meus colegas e criticava muito o trabalho deles. Como não reparava em seus esforços, não prestava muita atenção ao que certas pessoas ao meu redor faziam para melhorar meu cotidiano. Para corrigir imediatamente essa situação, decidi emanar o que queria ver neste mundo. Decidi ser a pessoa que traz o reconhecimento e os elogios. Sem expectativa, sem julgamento. Aquela crítica que recebi, justificada ou não, cumpriu seu papel. Foi um alerta para que eu saísse do caos emocional em que estava mergulhada. Uma mensagem do Universo para me revelar o que vim fazer aqui na terra: ser uma retransmissora da vibração do Amor. Em vez de me enclausurar no: "Sou injustamente tratada", preferi olhar um pouco mais além do que o umbigo do meu Ego.

É assim que cada conflito o leva a rever sua atitude no dia a dia com o único objetivo de emanar uma emoção positiva. É um aprendizado, o de aprender a se sentir bem utilizando os momentos desagradáveis.

E para acompanhá-lo nessa mudança interior, trago agora as fórmulas que estabeleci.

Os principais conflitos encontrados estão repertoriados aqui. Para cada um deles correspondem uma ou duas fórmulas de sabedoria, com a vantagem da compreensão que esse evento pode lhe trazer.

Ho'oponopono

30 FÓRMULAS DE SABEDORIA
PARA CURAR CONFLITOS

Conselhos e como praticá-los

Para ajudar na prática do Ho'oponopono, revelo aqui o método que utilizo para uma conexão ainda mais direta com o Eu profundo. O reconhecimento da raiz do problema focando no tipo de memória despertada traz a garantia de um desapego ainda mais rápido dos medos do Ego.

Com efeito, embora na maioria dos casos recitar "sinto muito, me perdoe, sou grato, eu te amo" se mostre suficiente, há momentos em que a resistência interna é tão intensa que se torna muito difícil dizer as quatro palavras de sabedoria.

Assim, para sair do conflito, acrescento à formula original o que o evento gerou em mim. Nomeio as emoções e os medos para melhor me desapegar deles.

Quando expõe à luz do dia sua parte sombria, ou aquela que considera como tal, você não pode mais evitar esse aspecto. Cabe a você considerar essa emoção com complacência. E para não entrar no julgamento, é bom às vezes nomeá-la, desvelá-la, com sinceridade e Amor.

Trata-se aqui de ser conciso e claro no estabelecimento da fórmula. O histórico das crenças limitantes é irrelevante. Saiba que, quando criança, você aceitou essas memórias familiares e coletivas de bom grado. Não importa o adulto ou o ambiente que serviu de mensageiro, hoje você decidiu se libertar dessas crenças e não se agarrar aos rancores. Você está entrando na libertação emocional. Está se tornando um ser livre e feliz de viver.

Recitar as quatro palavras de sabedoria

A fórmula Ho'oponopono é composta de quatro palavras em que cada uma evoca uma etapa essencial na reconciliação. Embora a ordem das palavras não importe *a priori*, desde que adotei esta forma de praticar, constatei que não apenas isso correspondia ao Ho'oponopono tradicional, como também às etapas que estava vivendo quando limpava em mim as crenças reveladas.

Aqui está a interpretação da fórmula do Ho'oponopono que me permitiu desenvolver as 30 fórmulas em função dos conflitos encontrados.

Começo dizendo "Ho'oponopono". Essa palavra já traz em si uma intenção: a de corrigir as memórias ou crenças que foram despertadas. Ela me orienta na direção da conexão com o Universo. E, sobretudo, quando pronuncio "Ho'oponopono", começo a rasgar o véu que estava em meu caminho, aquele que me ocultava a realidade e me dava uma visão deformada do evento.

Ao pronunciar **sinto muito**, reconheço as manipulações do Ego. Tomo consciência de minha "inconsciência", desperto e observo o que acontece. Identifico as emoções que surgem e as nomeio sem julgamento.

Ao pronunciar **me perdoe**, concedo-me esse Amor que apaga qualquer julgamento em relação às escolhas de crenças que fiz no passado. Perdoo aos que estão ao meu redor por terem sido esse mensageiro involuntário, e hoje faço a escolha de apagar essa crença.

Ao pronunciar **sou grato**, relaxo e me autorizo a olhar essa parte sombria de minha vida. Aceito-me tal como sou. O Universo não julga. Ele me aceita tal como sou em minha integridade.

Ao pronunciar **eu te amo**, dou e recebo, envio essa energia benéfica a todo meu ser. Limpo a crença que foi despertada. Sou Amor e mereço esse Amor.

Definição das quatro palavras de sabedoria do Ho'oponopono

- **Sinto muito:** *por ter criado essa situação negativa, reconheço o jogo do Ego.*
- **Me perdoe:** *por ter despertado essa memória, esse conflito é um presente.*
- **Sou grato:** *por tê-la despertado para limpá-la, mudo de vibração.*
- **Eu te amo:** *para mim mesmo, para o Universo. Autorizo-me a emanar e a receber a energia do Amor.*

As 30 fórmulas são elaboradas segundo esses princípios e convido-o a repeti-las de uma a três vezes antes de recitar "sinto muito, me perdoe, sou grato, eu te amo" repetidamente.

Você também pode improvisar fórmulas em função dos problemas encontrados. Seja criativo, se dê a oportunidade de curar conflitos com palavras simples que combinam com você.

Curar conflitos

É necessário compreender que essa cura é uma operação interior, própria a cada um.

A prática do Ho'oponopono é também estar sem expectativas. Limpe e deixe que a vida lhe abra o caminho. Que importância tem o meio que ela escolherá para ajudá-lo a avançar, você só precisa estar atento, na gratidão e no Amor.

Assim que um medo surgir, limpe recitando "sinto muito, me perdoe, sou grato, eu te amo". Assim que uma dúvida se apresentar, limpe. Assim que um pensamento sombrio o invadir, limpe. Aja no dia a dia emanando essa profunda serenidade graças às quatro palavras de sabedoria. Coloque-se no instante presente, com a certeza de que é o melhor momento de sua existência. E a vida o surpreenderá com sua amabilidade e sua riqueza.

Curar conflitos é trazer a alegria ao seu coração quando o mundo parece desabar. É também utilizar os problemas como um convite para transformar seus medos em oportunidades de evolução.

Um medo é igual a uma crença limitante que deve ser limpa. Acione o Ho'oponopono, e um medo se tornará igual àu descoberta de uma capacidade esquecida. Você deixa jorrar sua potência, aquela que está diretamente conectada à Fonte de toda a vida. Ela é inesgotável e está disponível a todo momento.

Agora, eu o deixo na companhia das 30 fórmulas de sabedoria. Elas foram classificadas por temas, e cada uma tem uma pista que o deixa entrever o que o conflito revelou.

Algumas dessas fórmulas podem ser pronunciadas mesmo se não estiver vivendo alguma situação conflitante particular. Siga sua inspiração, deixe-se guiar e depois recite "sinto muito, me perdoe, sou grato, eu te amo" repetidamente.

Às vezes, você vai se dar conta de que existem duas fórmulas para um mesmo conflito. Com efeito, este pode lhe revelar duas fórmulas de crenças negativas. Recite aquela que lhe for mais conveniente.

Truque prático

Você está diante de uma situação difícil e deseja recitar o Ho'oponopono. Mas as suas emoções estão tão fortes que não consegue fazê-lo. Eis uma técnica para ajudá-lo a se libertar da sobrecarga emocional.

Em pé ou sentado em uma cadeira, com as costas eretas, abaixe a cabeça suavemente para frente soprando.

Recomece pronunciando internamente "sinto muito, me perdoe, sou grato, eu te amo".

Você começa a respirar melhor.

O choque emocional havia provocado um bloqueio no estômago.

O movimento da cabeça permite liberar as tensões da cervical e deixar a energia circular novamente.

Esses dois movimentos podem bastar para desbloquear a circulação energética e permitir que continue a limpeza interior com o Ho'oponopono.

Fórmula de sabedoria 1

A ABUNDÂNCIA

Escutar o Universo e lhe enviar Amor

- **Sinto muito** *por não ter percebido o campo da abundância.*
- **Me perdoe** *por ter escolhido a memória da escassez.*
- **Sou grato** *por me permitir apagar essa memória negativa.*
- **Eu te amo,** *para mim mesmo, que agora percebo o potencial infinito do Universo; eu te amo, para o Universo, para essa abundância infinita de Amor que está à minha disposição.*

Em seguida, recite "sinto muito, me perdoe, sou grato, eu te amo" contínua e internamente.

Escutar o
Universo lhe
enviar Amor

Fórmula de sabedoria 2

O ACIDENTE DE TRÂNSITO

Retomando seu caminho

- **Sinto muito** *por ter recebido esse choque violento em meu caminho.*

- **Me perdoe** *por ter tomado um rumo que me afastou do meu caminho de vida.*

- **Sou grato** *por me ter despertado das obrigações que criei para mim, dos deveres que me impus e do verdadeiro caminho que me espera.*

- **Eu te amo,** *para mim mesmo, que escuto agora meu GPS interior; eu te amo, para mim mesmo, que redescubro minhas prioridades; eu te amo, para o Universo, que me guia no caminho da realização.*

Em seguida, recite "sinto muito, me perdoe, sou grato, eu te amo" contínua e internamente.

Retomando seu caminho

Fórmula de sabedoria 3

A ADICÇÃO

Descobrir a potência do vazio

- **Sinto muito** *por sempre precisar de mais e por me preencher com prazeres efêmeros.*
- **Me perdoe** *por conservar essa memória de carência e de vazio.*
- **Sou grato** *por libertar meu espaço interior dessas crenças adictivas.*
- **Eu te amo,** *para mim mesmo, que reverbero o vazio interior; eu te amo, para mim mesmo, que a cada dia aprecio um pouco mais esse "vazio" em mim; eu te amo, para mim mesmo, que descubro que estou plena de Paz e de Amor; eu te amo, para o Universo, que me aquece do interior.*

Em seguida, recite "sinto muito, me perdoe, sou grato, eu te amo" contínua e internamente.

Descobrir a potência do vazio

Fórmula de sabedoria 4

A AGRESSÃO

Mostrar sua força interior

- **Sinto muito** *por ter sido agredido.*
- **Me perdoe** *por ter conservado essa memória de vítima.*
- **Sou grato** *por me fazer tomar consciência de que minha fragilidade é uma fachada.*
- **Eu te amo**, *para mim mesmo, que sobrevivi heroicamente a essa agressão e que mereço ser reconfortado; eu te amo, para mim mesmo, que me perdoo por ter endossado esse papel de vítima; eu te amo, para mim mesmo, que aprendo a mostrar minha força interior; eu te amo, para mim mesmo, que agora tomo as rédeas de minha existência; eu te amo, para o Universo, que me quer bem; eu te amo, para o Universo, que me ensina a extrair minhas forças de sua energia.*

Em seguida, recite "sinto muito, me perdoe, sou grato, eu te amo" contínua e internamente.

Mostrar sua força interior

Fórmula de sabedoria 5

A ANOREXIA

Aceitar o Amor

- **Sinto muito** *por ter rejeitado meu corpo e o que eu represento.*

- **Me perdoe** *por ter a crença de que não sou feito para receber o Amor.*

- **Sou grato** *por me revelar essas memórias que me impedem de ser eu mesmo.*

- **Eu te amo,** *para mim mesmo, que mereço o Amor e a abundância; eu te amo, para mim mesmo, que mereço existir e ser nesta Terra; eu te amo, para mim mesmo, que sou importante e essencial para este mundo; eu te amo, para o Universo, ao qual agradeço por me fazer nascer; eu te amo, para o Universo, que me oferece a possibilidade de me reconhecer pelo que eu sou, um ser de alma perfeita.*

Em seguida, recite "sinto muito, me perdoe, sou grato, eu te amo" contínua e internamente.

Aceitar o Amor

Fórmula de sabedoria 6

O dinheiro

Reconhecer aquilo que já tenho

- **Sinto muito** *por não ter dinheiro todos os meses.*
- **Me perdoe** *por manter essa memória de escassez.*
- **Sou grato** *por me trazer essa crença negativa para limpá-la.*
- **Eu te amo,** *para mim mesmo, que percebo que todos os meses pago o essencial de minhas contas; eu te amo, para mim mesmo, que agradeço pelo que tenho todos os meses; eu te amo, para mim mesmo, que sei hoje expor minha renda em vez de minhas dívidas; eu te amo, para o Universo, que deseja que eu me concentre nos benefícios que ele me traz; eu te amo, para o Universo, que me abre os olhos para o que eu lhe ofereço em troca do Amor que ele me envia.*

Em seguida, recite "sinto muito, me perdoe, sou grato, eu te amo" contínua e internamente.

Reconhecer aquilo
que já tenho

Fórmula de sabedoria 7

O dinheiro (sequência)

Reconhecer aquilo que já tenho

- **Sinto muito** *por desejar ainda mais dinheiro.*

- **Me perdoe** *por ter conservado essa crença de que é preciso sempre guardar mais dinheiro.*

- **Sou grato** *por me revelar a essas memórias de medo de escassez e de insegurança.*

- **Eu te amo,** *para mim mesmo, que disponho de tudo o que é necessário; eu te amo, para mim mesmo, que descubro que o Universo é abundância; eu te amo, para mim mesmo, que me abro para essa abundância e decido compartilhar essa energia de Amor; eu te amo, para o Universo, que me revela que essa fonte é infinita; eu te amo, para o Universo, que me oferece a segurança na energia do Amor.*

Em seguida, recite "sinto muito, me perdoe, sou grato, eu te amo" contínua e internamente.

Reconhecer o que já tenho

Fórmula de sabedoria 8

A DECEPÇÃO

Soltar as expectativas

- **Sinto muito** *por me decepcionar e por estragar esse dia com essa emoção negativa.*

- **Me perdoe** *por conservar essa memória de controle dos eventos.*

- **Sou grato** *por trazer essa necessidade de soltar as expectativas.*

- **Eu te amo,** *para mim mesmo, que faço todo o necessário para obter os melhores resultados; eu te amo, para mim mesmo, que a partir de hoje aprendo a soltar as expectativas; eu te amo, para mim mesmo, que decido me ocupar apenas do tempo presente; eu te amo, para o Universo, em quem deposito toda minha confiança.*

Em seguida, recite "sinto muito, me perdoe, sou grato, eu te amo" contínua e internamente.

Soltar as expectativas

Fórmula de sabedoria 9

Fazer a mudança

Maravilhar-se com o desconhecido

- **Sinto muito** *por ter medo de fazer essa mudança.*
- **Me perdoe** *por recusar essa mudança de vida.*
- **Sou grato** *por despertar meu medo do desconhecido.*
- **Eu te amo,** *para mim mesmo, que tenho a capacidade de me abrir a esta oportunidade; eu te amo, para mim mesmo, que aceito esse desafio; eu te amo, para mim mesmo, que saio do passado para construir um futuro radiante; eu te amo, para o Universo, que me guia com toda segurança.*

Em seguida, recite "sinto muito, me perdoe, sou grato, eu te amo" contínua e internamente.

Maravilhar-se com o desconhecido

Fórmula de sabedoria 10

A depressão

Aceitar-se totalmente

- **Sinto muito** *por ter perdido o gosto de viver.*
- **Me perdoe** *por conservar essa memória de desespero.*
- **Sou grato** *por limpar essa memória de culpa e de desvalorização de minha vida.*
- **Eu te amo**, *para mim mesmo; eu me amo tal como sou e aceito minhas emoções negativas; eu me amo e mereço ser amado; eu me amo e me autorizo a receber todo o Amor do Universo.*

Em seguida, recite "sinto muito, me perdoe, sou grato, eu te amo" contínua e internamente.

Aceitar-se totalmente

Fórmula de sabedoria 11

A discussão

Respeitar os valores de cada um

- **Sinto muito** *por ter participado dessa discussão e por alimentá-la.*
- **Me perdoe** *por querer mudar o outro e por fazê-lo passar por um incapaz.*
- **Sou grato** *por revelar essas memórias de controle e de desvalorização que moram no fundo de mim.*
- **Eu te amo,** *para mim mesmo, que tenho um grande valor; eu te amo, para mim mesmo, que respeito os valores de cada um; eu te amo, para o Outro, que é o revelador dessas memórias limitantes e que me permite limpá-las com Amor.*

Em seguida, recite "sinto muito, me perdoe, sou grato, eu te amo" contínua e internamente.

Respeitar os valores
de cada um

Fórmula de sabedoria 12

A DÚVIDA

Confiar na vida

- **Sinto muito** *por ter duvidado do Universo.*
- **Me perdoe** *por esquecer do meu poder interior.*
- **Sou grato** *por permitir limpar essa falta de confiança.*
- **Eu te amo,** *para mim mesmo, que me abro ao Universo; eu te amo, para mim mesmo, que represento o Universo e sua onipotência; eu te amo, para o Universo, que preenche minhas carências com a energia do Amor.*

Em seguida, recite "sinto muito, me perdoe, sou grato, eu te amo" contínua e internamente.

Confiar na vida

Fórmula de sabedoria 13

Os engarrafamentos

Aproveitar o tempo para se escutar

- **Sinto muito** *por me encontrar bloqueado na estrada.*
- **Me perdoe** *por conservar essa memória de bloqueio.*
- **Sou grato** *por despertar meus medos sobre a inércia de minha existência.*
- **Eu te amo,** *para mim mesmo, que aprendo a aproveitar o tempo; eu te amo, para mim mesmo, que aprendo a desligar e a escutar minhas aspirações; eu te amo, para o Universo, que me ajuda a clarear meu caminho interior.*

Em seguida, recite "sinto muito, me perdoe, sou grato, eu te amo" contínua e internamente.

Aproveitar o tempo
para se escutar

Fórmula de sabedoria 14

A ENTREVISTA DE EMPREGO

Saber que a vida me apoia

- **Sinto muito** por estar assustado com essa entrevista de emprego.
- **Me perdoe** por acreditar que minha existência dela depende.
- **Sou grato** por apagar essa memória de dependência e de medo do desconhecido.
- **Eu te amo**, para mim mesmo, que a vida apoia qualquer que seja o resultado do encontro; eu te amo, para mim mesmo, que tenho tantas capacidades a revelar; eu te amo, para o Universo, que me acompanha com Amor; eu te amo, para o Universo, que confia em mim e que sabe o que é melhor para mim.

Em seguida, recite "sinto muito, me perdoe, sou grato, eu te amo" contínua e internamente.

Saber que a vida me apoia

Fórmula de sabedoria 15

O EXAME

Realizar-se para além dos medos

- **Sinto muito** *por ter medo desse exame de admissão.*

- **Me perdoe** *por ter escolhido o medo de conseguir e o medo do fracasso.*

- **Sou grato** *por colocar um fim a essas crenças que limitam meus projetos.*

- **Eu te amo,** *para mim mesmo, o realizador de minha vida; eu te amo, para mim mesmo, que a cada dia realizo meu futuro fazendo o meu melhor; eu te amo, para mim mesmo, que tenho todas as capacidades; eu te amo, para o Universo, que me oferece as possibilidades de me realizar.*

Em seguida, recite "sinto muito, me perdoe, sou grato, eu te amo" contínua e internamente.

Realizar-se para além dos medos

Fórmula de Sabedoria 16

A família

Aprender a limpar no dia a dia para iluminar seu caminho

Substituir a palavra **Filho(a)** *pelo membro da família em questão: esposo, esposa, pai, mãe, irmã, irmão...*

- **Sinto muito** *por ter entrado na súplica e na raiva.*
- **Me perdoe** *por querer controlar meu filho por meio dessas emoções negativas.*
- **Sou grato** *por trazer essa memória de controlar os que me rodeiam.*
- **Eu te amo**, *para mim mesmo, que me dedico muito à minha família; eu te amo, para meu filho, que se dedica muito à nossa família; eu te amo, para o Universo, que nos reuniu nessa família a fim de cumprir nossa Missão de vida.*

Em seguida, recite "sinto muito, me perdoe, sou grato, eu te amo" contínua e internamente.

APRENDER A LIMPAR

NO DIA A DIA PARA ILUMINAR SEU CAMINHO

Fórmula de sabedoria 17

A FAMÍLIA (SEQUÊNCIA)

Aprender a limpar no dia a dia para iluminar seu caminho

- **Sinto muito** *por exigir dos outros que se comportem como eu.*
- **Me perdoe** *por ter essa crença de que sou uma referência a ser seguida.*
- **Sou grato** *por reconhecer o jogo do Ego para dele me libertar.*
- **Eu te amo,** *para mim mesmo, que aprendo a soltar as expectativas; eu te amo, para o outro, que me remete às minhas crenças para limpá-las; eu te amo, para o Universo, e seu poder de transformação interior.*

Em seguida, recite "sinto muito, me perdoe, sou grato, eu te amo" contínua e internamente.

APRENDER A LIMPAR

NO DIA A DIA PARA ILUMINAR SEU CAMINHO

Fórmula de sabedoria 18

A vergonha

Ser si mesmo o tempo todo

- **Sinto muito** *por sentir vergonha de ser o que sou.*
- **Me perdoe** *por ter conservado essa memória de culpa em relação aos meus atos.*
- **Sou grato** *por despertar essa crença que me limita em minha vida.*
- **Eu te amo,** *para mim mesmo, que tenho a coragem de limpar essa vergonha; eu te amo, para mim mesmo, que ouso me mostrar tal qual o Universo o desejou; eu te amo, para mim mesmo, que tenho o Amor à minha disposição a cada instante da vida. Eu te amo.*

Em seguida, recite "sinto muito, me perdoe, sou grato, eu te amo" contínua e internamente.

SER SI MESMO O
TEMPO TODO

Fórmula de sabedoria 19

A impaciência

Estar apaziguado

- **Sinto muito** *por solicitar sempre respostas e por não suportar a expectativa.*

- **Me perdoe** *por conservar essa memória de carência de reconhecimento e de amor.*

- **Sou grato** *por me permitir limpar essa impaciência e essas carências.*

- **Eu te amo,** *para mim mesmo, que já disponho de todo esse Amor; eu te amo, para mim mesmo, que tenho confiança no futuro; eu te amo, para o Universo, que me dá exatamente aquilo de que necessito no melhor momento; eu te amo, para o Universo, que deixo me reconfortar.*

Em seguida, recite "sinto muito, me perdoe, sou grato, eu te amo" contínua e internamente.

Estar apaziguado

Fórmula de sabedoria 20

A DOENÇA

Aceitar que o corpo seja um mensageiro da alma

- **Sinto muito** *por ter essa doença.*
- **Me perdoe** *por pensar apenas no sofrimento físico.*
- **Sou grato** *por me despertar para a vida por meio dessa dor.*
- **Eu te amo,** *para meu corpo, que precisa de minha atenção; eu te amo, para a doença, que me lembra que esqueci de cuidar de mim;eu te amo, para a vida, que me traz as mensagens necessárias à minha evolução; eu te amo, para mim mesmo, que passo a escutar minhas verdadeiras aspirações.*

Em seguida, recite "sinto muito, me perdoe, sou grato, eu te amo" contínua e internamente.

Aceitar que o corpo seja um mensageiro da alma

Fórmula de sabedoria 21

A doença (sequência)

Aceitar que o corpo seja um mensageiro da alma

- **Sinto muito** *por ficar com raiva da doença de mim, da vida.*
- **Me perdoe** *por utilizar essa memória de injustiça.*
- **Sou grato** *por essa experiência que me revela esse sentimento de impotência.*
- **Eu te amo**, *para mim mesmo, que me dou os meios de fazer o que é necessário para me curar; eu te amo, para mim mesmo, que tomo consciência de que os médicos e os enfermeiros estão aqui para ajudar na minha cura; eu te amo, para mim mesmo, que aceito a doença como uma etapa em minha existência; eu te amo, para o Universo, que deseja me ver feliz por estar vivo.*

Em seguida, recite "sinto muito, me perdoe, sou grato, eu te amo" contínua e internamente.

Aceitar que o corpo seja um mensageiro da alma

Fórmula de sabedoria 22

A MENTE

Reconhecer o jogo do Ego

- **Sinto muito** *por ter exposto o Ego e seus desvios.*
- **Me perdoe** *por ter seguido e alimentado as manipulações do Ego.*
- **Sou grato** *por me fazer cair em suas armadilhas ajudando-me a encontrar meu poder interior.*
- **Eu te amo,** *para mim mesmo, que faço dessa experiência uma busca interior rica de descobertas; eu te amo, para o Universo, que permitiu que eu me reencontrasse.*

Em seguida, recite "sinto muito, me perdoe, sou grato, eu te amo" contínua e internamente.

Reconhecer o jogo do Ego

Fórmula de sabedoria 23

A morte

Viver aqui e agora

- **Sinto muito** *por ter medo de falar da morte, essa desconhecida.*
- **Me perdoe** *por alimentar essa crença de que meu corpo é imortal.*
- **Sou grato** *por me lembrar que o fim de minha existência é uma etapa... para minha alma.*
- **Eu te amo**, *para mim mesmo, que estou feliz de estar vivo; eu te amo, para a morte, que dá às almas a liberdade eterna; eu te amo, para o Universo, este companheiro que me guiará depois de minha passagem por esta Terra.*

Em seguida, recite "sinto muito, me perdoe, sou grato, eu te amo" contínua e internamente.

Viver aqui e agora

Fórmula de sabedoria 24

A morte (sequência)

Viver aqui e agora

- **Sinto muito** *por ter raiva da morte.*

- **Me perdoe** *por ter ocultado essa evidência de que meus familiares estão de passagem aqui na terra.*

- **Sou grato** *por me lembrar a importância de amar essas pessoas aqui e agora.*

- **Eu te amo**, *para mim mesmo, que havia esquecido de lhes dizer "eu te amo"; eu te amo, para meus familiares, que são meus companheiros nesta existência; eu te amo, para esta experiência que me faz viver a morte, e que me permite entrar no Amor graças ao instante presente; eu te amo, para o Universo, que é eternamente presente.*

Em seguida, recite "sinto muito, me perdoe, sou grato, eu te amo" contínua e internamente.

Viver aqui e agora

Fórmula de sabedoria 25

A SEPARAÇÃO

Aprender a amar e a ser amado

- **Sinto muito** *por ter gerado esse divórcio e essa separação.*
- **Me perdoe** *por conservar essa memória que julga e condena minhas relações com o Outro.*
- **Sou grato** *por permitir limpar essa desvalorização do casal e da relação com o Outro.*
- **Eu te amo,** *para mim mesmo, que aprendo a amar; eu te amo, para o Outro, que permite meu aprendizado do Amor; eu te amo, para o Universo, que sabe que eu disponho da capacidade de amar e de ser amado.*

Em seguida, recite "sinto muito, me perdoe, sou grato, eu te amo" contínua e internamente.

Aprender a amar
e a ser amado

Fórmula de sabedoria 26

A separação (sequência)

Aprender a amar e a ser amado

- **Sinto muito** *por guardar essa sensação de ter fracassado na vida.*

- **Me perdoe** *por conservar essa imagem de fracassado pela minha vida e por mim mesmo.*

- **Sou grato** *por apagar essas mensagens negativas para redescobrir meu brilho interior.*

- **Eu te amo**, *para mim mesmo, que mereço a alegria; eu te amo, para mim mesmo, que possuo em mim a felicidade e os risos; eu te amo, para o Universo, que me ensina a me revelar o interior.*

Em seguida, recite "sinto muito, me perdoe, sou grato, eu te amo" contínua e internamente.

Aprender a amar
e a ser amado

Fórmula de sabedoria 27

O excesso de peso

Revelar-se para suas capacidades

- **Sinto muito** *por estar com excesso de peso e por continuar engordando.*
- **Me perdoe** *por precisar me proteger do mundo exterior com essa barreira corporal.*
- **Sou grato** *por despertar essa memória de insegurança e de medo de não ter meu lugar.*
- **Eu te amo,** *para mim mesmo, que tenho todo o espaço necessário para existir aqui na terra; eu te amo, para mim mesmo, que tomo consciência de que a vida me apoia a todo instante e de que estou em segurança; eu te amo, para o Universo, que utiliza meu corpo para me ajudar a encontrar minhas capacidades interiores; eu te amo, para o Universo, que coloca à minha disposição uma energia infinita que pede apenas para jorrar através de mim.*

Em seguida, recite "sinto muito, me perdoe, sou grato, eu te amo" contínua e internamente.

Revelar-se para suas capacidades

Fórmula de sabedoria 28

A VIZINHANÇA

Despertar para o mundo que me rodeia

- **Sinto muito** *por ter escolhido essa vizinhança barulhenta.*
- **Me perdoe** *por conservar essa memória de violências sonoras.*
- **Sou grato** *por permitir emergir de minha inconsciência graças a esses transtornos.*
- **Eu te amo,** *para mim mesmo, que estava adormecido em minha existência; eu te amo, para mim mesmo, que me desperto para o mundo que me rodeia; eu te amo, para o Universo, que me pede para estar atento aos outros e ao meu poder interior.*

Em seguida, recite "sinto muito, me perdoe, sou grato, eu te amo" contínua e internamente.

Despertar para o mundo que me rodeia

Fórmula de sabedoria 29

O carro

Relaxar

- **Sinto muito** por ter medo de pegar o volante do meu carro.

- **Me perdoe** por ter medo de me perder na estrada, medo de perder o controle quando dirijo.

- **Sou grato** por me revelar essa memória de abandono e de perda.

- **Eu te amo**, para mim mesmo, que faço parte dessa grande família, a Humanidade; eu te amo, para mim mesmo, que ganho em autonomia toda vez que dirijo; eu te amo, para mim mesmo, que tenho todas as capacidades para estar na estrada e na vida.

Em seguida, recite "sinto muito, me perdoe, sou grato, eu te amo" contínua e internamente.

Relaxar

Fórmula de sabedoria 30

O carro (sequência)

Relaxar

Sinto muito *por ficar com raiva quando sou passageiro no carro.*

Me perdoe *por querer controlar esse veículo e seu motorista.*

Sou grato *por me fazer sair dessa memória de vulnerabilidade.*

Eu te amo, *para mim mesmo, que sou frágil e poderoso; eu te amo, para mim mesmo, que sou sensível e forte; eu te amo, para mim mesmo, que sou feliz de me sentir vivo.*

Em seguida, recite "sinto muito, me perdoe, sou grato, eu te amo" contínua e internamente.

Relaxar

Conclusão

O Ho'oponopono é ao mesmo tempo uma arte de viver e uma arte para curar. Ele permite cicatrizar as feridas do mundo limpando primeiro a si mesmo, limpando primeiro você.

O Outro é o mensageiro, aquele que transporta os fatos que farão surgir suas crenças. São elas que forjaram os limites de sua existência, não o Outro. Toda resistência a essa compreensão gera dores insustentáveis. Libertar-se do sofrimento é tirar o Ego e seus medos do jogo. Há palavras que curam os males. Elas dão mais do que esperança, abrem a porta do coração e deixam entrar a paz.

Esta aventura que comecei com o Ho'oponopono me levou para além do que eu podia imaginar.

Há magia neste mundo. Hoje eu o reconheço. A vida é uma fantástica viagem. São minhas angústias e meus temores que até então me impediam de vê-lo.

De limpeza em limpeza, também percebi que a única pessoa que podia me salvar de toda crise era eu mesma.

Tenho em mim a coragem e a determinação de viver a felicidade.

Minha família, minhas relações e a sociedade ao meu redor são o reflexo do que vivo em mim. Então, quanto mais eu limpo as memórias negativas, mais compreendo quem eu sou, e mais encontro minhas verdadeiras capacidades. Acedo a todo um universo de alegria e de Amor que deve ser estabelecido nesta Terra.

Desejo que você faça essa incrível viagem interior.

Aproveite esta sabedoria havaiana que é o Ho'oponopono, agarre o arco-íris da paz, atravesse a ponte que leva à verdade invisível do coração. É um caminho com múltiplas cores que atravessou o oceano mais harmonioso do planeta, o oceano Pacífico.

Descubra os tesouros inexplorados que estão em você, receba a abundância do Amor.

Sou grato, eu te amo.

Eu sou o criador

Eu encontro corações
que sofrem de tantos medos.
Olho essas almas
Se perderem nos dramas.
Sei que nesse desespero
Encontra-se a chave para sair da escuridão.
O Outro torna-se meu espelho,
Aquele que me ajuda a me ver
Tal como sou, e sem cerimônia.

A humildade é necessária
Quando diante de mim se exibem meus medos.
Não julgo mais aquele que chora,
Eu sou o Outro e seus erros.

Quando apaziguo meu coração
Torno-me seu curador.
Quando escuto minha alma
Não sou mais profano.
Sei que existe em algum lugar
O remédio para todos esses pesadelos.

Está em um vasto território
Onde um fluxo infinito de saberes
Vibra de alegria e também de esperança.

A vontade é reverenciada
Para entrar no palácio da felicidade.
Tenho a chave que abre meu coração,
Sou o carcereiro do poder Interior.

Abro a porta para a calma e a doçura
Que surgem para abraçar a dor.
Elas só esperam minha boa-vontade.
Para retomar enfim o poder
Então sussurro na escuridão:
"Sinto muito... por te culpar,
Me perdoe... por meus desvios,
Sou grato... por acolher minha história
Eu te amo... para todas as minhas memórias".

A paz torna-se mais que um lampejo
É minha luz interior.
Sou a luz, sou o criador
De minha vida e de seus sabores.

Nathalie Lamboy.

Referências

BODIN, L. *Soignez avec l'énergie*. Paris: Guy Trédaniel, 2012.

BODIN, L.; GRACIET, M.E. *Ho'oponopono*. Saint-Julien-en-Genevois: Jouvence, 2012.

BODIN, L.; LAMBOY, N.; GRACIET, J. *Le Grand livre de Ho'oponopono*. Saint-Julien-en-Genevois: Jouvence, 2012 [*Grande livro do Ho'oponopono: sabedoria havaiana de cura*. Petrópolis: Vozes, 2018].

DYER, W. *Réussir au quotidien*. Varennes: Ada, 2007.

FORD, D. *La Part d'ombre du chercheur de lumière*. Paris: J'ai lu, 2010 [Col. "Aventure Secrète"].

GRAND, S. *Tahu'a, tohunga, kahua – Le monde polynésien des soins traditionnels*. Éd. Tahiti.

HAY, L. *Semez du positif en vous*. Paris: Guy Trédaniel, 2011.

HAY, L. *Transformez votre vie*. Vanves: Poche Marabout, 2013.

LAMBOY, N. *Vivre avec Ho'oponopono*. Paris: Guy Trédaniel, 2012.

ROBBINS, A. *Les Onze Lois de la réussite*. Paris: J'ai lu, 2010 [Col. "Aventure Secrète"].

TOLLE, E. *Quiétude*. Saint-Sauveur: 2003.

TOLLE, E. *Nouvelle Terre*. Saint-Sauveur: Arianne, 2005.

TOLLE, E. *Gardiens de l'être*. Saint-Sauveur: Ariane, 2010.

VANAA'A, F. *Dictionnaire Tahitien Français*. [s.n.t.], 1999.

VITALE, J. *Attendez-vous à un miracle*. Varennes: Ada, 2012.

WILLIAMSON, M. *Un retour à l'Amour*. Paris: J'ai lu, 2010 [Col. "Aventure Secrète"].

Livros em inglês

PROVENZANO, R. *A little book of Aloha*. Mutual Publishing, 2001.

PUKUI, M.K.; ELBERT, S.H. *Hawaiian Dictionary*, University of Hawai'i Press, 1986.

SHOOK, E.V. *Ho'oponopono contemporary uses of a Hawaïan problem solving process.* University of Hawai'i Press, 1985.

VANZANT, L. *Faith in the valley.* Simon & Shuster, 2001.

Para saber mais

O percurso de Nathalie Lamboy no mundo energético permitiu-lhe aprender as técnicas dos médicos filipinos, bem como outros métodos de cuidados energéticos.

Especializou-se no Feng Shui e aprofundou seus conhecimentos em psicogenealogia e na língua dos pássaros.

Nestes últimos anos, Nathalie Lamboy se interessou por métodos psicoenergéticos como o EFT e o Ho'oponopono.

Foi a partir desta última descoberta que se voltou para o compartilhamento de seus conhecimentos por meio de livros e de estágios.

Nathalie Lamboy também é a coautora do *Grande Livro do Ho'oponopono* publicado pela Editora Vozes, e a autora do livro *Vivre avec Ho'oponopono*, publicado por Guy Trédaniel Éditeur.

Site: www.vivreavechooponopono.com

Conecte-se conosco:

- **f** facebook.com/editoravozes
- **⊙** @editoravozes
- **🐦** @editora_vozes
- **▶** youtube.com/editoravozes
- **☎** +55 24 2233-9033

www.vozes.com.br

Conheça nossas lojas:

www.livrariavozes.com.br

Belo Horizonte – Brasília – Campinas – Cuiabá – Curitiba
Fortaleza – Juiz de Fora – Petrópolis – Recife – São Paulo

EDITORA VOZES LTDA.
Rua Frei Luís, 100 – Centro – Cep 25689-900 – Petrópolis, RJ
Tel.: (24) 2233-9000 – E-mail: vendas@vozes.com.br